Marianne Kawohl Geöffnete Hände

Marianne Kawohl

GEÖFFNETE HÄNDE

Gedanken, Gedichte und Meditationen
über
menschliche Grunderfahrungen

Geleitwort von Johann Peter Bösch

Lebensbücher
Verlag Rolf Kugler

Quellennachweis:
Die Texte:
Zulassen oder Zulassen
Ich lasse meine Gedanken kommen und gehen
Ich fühle mich heil
Wie ich eigentlich bin
Wie kann das sein
wurden in leicht gekürzter oder veränderter Fassung dem Büchlein von Marianne Kawohl: «Ich gestatte mir zu leben», erschienen im Brunnquell-Verlag, Metzingen/BRD 1984, entnommen.

Gesamtherstellung: H. Mühlberger, Augsburg
Gesetzt in einer Bembo-Schrift (10½ Punkt)
ISBN 3 85768 049 0

Verlagsauslieferungen:
H. R. Balmer AG, Neugasse 12, CH-6300 Zug, für die Schweiz
G. Umbreit & Co., Maybachstr. 18, D-7000 Stuttgart, für die BRD

INHALT

GELEITWORT

Marianne Kawohl unternimmt es in ihren hier vorliegenden Gedichten, den Lebenshorizont einer psychologisch, theologisch und literarisch geschulten modernen Frau lyrisch zu durchdringen. Die Erfahrungen einer von Krankheit schmerzlich überschatteten Jugend gehen ebenso in die Eigenart ihres Dichtens ein wie die Kraft eines leidenschaftlichen Herzens, das Trauer, Verzweiflung, Einsamkeit, aber auch Entzücken und Liebeshingabe sein eigen nennt.

Die Gedichte und Meditationen umfassen die Beschwörung eines heutigen Gottesbildes und das rückhaltlose Geständnis leib-seelischer Gefährdung, sie kennen die Abgründe mystischer Liebesglut und reichen bis zur Gewißheit möglicher Hilfe und endlicher Heilung.

Dieser ganze Kosmos wächst in vielen Gedichten aus dem spielerischen Umgang mit einzelnen Sinn erschließenden Wörtern und ihren stets neu überraschenden Variationen und Transformationen.

Marianne Kawohls Texte sind ein Zeugnis hohen Ranges für das Denken und Fühlen einer Frau, die sich das Recht nimmt, ihr eigenes Leben zu leben, es rückhaltlos in ihrer Lyrik auszusprechen und hierdurch zugleich einen neuen Ton in der christlichen Lyrik unserer Tage anzuschlagen.

Johann Peter Bösch

AN MEINE LESER

möchte ich gerne einige persönliche Worte richten, die zum besseren Verständnis und Nachempfinden oder Nacherleben der hier nun vorgelegten Gedanken und Gedichte führen können:

Zwischen meinen bisher erschienenen Büchern und den Manuskripten, die ich jetzt in Arbeit habe, besteht ein großer Unterschied – Entwicklungsphasen, Sprünge und Absprünge liegen dazwischen. Damit es nicht so schwierig wird, den Anschluß von Gestern zu Morgen zu bekommen, soll heute die Brücke entstehen zwischen Vergangenheit und Zukunft, wobei die Gegenwart, wie sie sich hier darstellt, schon ein Stück Vergangenheit ist.

Bei Dichterlesungen und Vorträgen und in Leserbriefen werde ich immer wieder gefragt, wann denn endlich mal ein Buch über mich selbst erscheinen würde, meine persönliche Lebensgeschichte. Jemand hat mir viel Mut gemacht, einen autobiographischen Roman zu schreiben, meinen eigenen Menschwerdungsprozeß zu beschreiben – und ich arbeite intensiv daran. Doch wird es noch eine Weile dauern, bis daraus ein druckreifes Manuskript wird. So möchte ich mit den hier gedruckten Texten eine kleine Kostprobe im voraus geben, die dem aufmerksamen Leser Einblick in mein Innenleben eröffnen kann. Aber nicht nur in das, was ich selbst erlebt und erlitten, gedacht und gedichtet habe, sondern auch in das, was die Menschen, die zu mir in die Psychologisch-pädagogische Beratungspraxis kommen, an Problemen, Ängsten, Hoffnungen und Sehnsucht mitbringen. So läßt sich nicht immer unterscheiden, was mein eigenes Leben ausmacht und was das der anderen, mit denen ich zu tun habe. Aber hier bestehen ja auch Zusammenhänge,

Beziehungen. Im Schreiben verarbeite ich also meine eigenen Fragen wie auch die Fragen anderer.

Darüber hinaus ist dieses Buch auf vielen Seiten ein herzlicher Dank an diejenigen, die meine Schmerzen gelindert und mich liebevoll an die Hand genommen haben. Die Namen dieser Menschen kann ich hier nicht nennen, aber die, die es betrifft, werden sich schnell in meinen Worten gefunden haben. Ohne sie hätte dieses Buch nicht entstehen können. So sei es in besonderer Weise all denen gewidmet, die mir liebevoll zugewandt sind und bleiben – oder sein werden.

Siegen, Frühjahr 1984 Marianne Kawohl

HÄNDE

In einem psychologischen Testgespräch fragte ich einen sechsjährigen Jungen, was er an seinem Körper besonders gern hätte. Spontan lautete seine Antwort: «Meine Hände, weil ich damit mehr machen kann als mit jedem anderen Teil meines Körpers.»

Hände – was kann man damit tun!

Zum Gruß reichen wir einander die Hand, vielleicht auch zur Versöhnung oder zum Frieden. Wir heben die Hand, um unser Votum abzugeben, Einspruch zu erheben, vielleicht schlagen wir mit den Händen zu oder klatschen Beifall.

Eine kühlende Hand auf der fieberheißen Stirn zu spüren – welch angenehme Wirkung! Fast so, wie wenn jemand seine Hände segnend auf unseren Kopf legt. Und wie wunderbar, wenn jemand unsere Hände zärtlich küßt und streichelt, sie gar mit einem kostbaren Ring schmückt, ein Gedicht oder eine Musik auf die Schönheit unserer Hände schreibt!

Wie unterschiedlich erleben wir Hände – unsere eigenen und die unserer Mitmenschen.

Kopflosigkeit und Herzlosigkeit sind nicht zu ertragen, aber können wir uns «Handlosigkeit» vorstellen? Was gäbe es nicht, wenn es keine Hände mehr gäbe auf dieser Welt? Niemanden, der uns an die Hand nimmt, der uns behutsam behandelt, dessen hilfreiche Hände wir spüren? Ohne Hände keinen Ausdruck der Zuneigung durch einen vielsagenden Händedruck . . .

Hände – ich erlebe sie unterschiedlich.

Einige Eindrücke finden in den nachfolgenden Texten Ausdruck.

Vielleicht nimmt der eine oder andere Gedanke Sie an die schmerzende Hand, streichelt mit einem Hauch des Verstehens liebevoll heilend darüber?

Geöffnete Hände, nicht geballte Fäuste, können geben und nehmen, empfangen und weitergeben.

Ob Sie Ihre eigenen Hände und die Hände Ihrer Mitmenschen mit neuen Augen betrachten werden?

In diesem Sinne reiche ich Ihnen die Hand und begleite Sie auf den folgenden Seiten durch das Land von Worten und Gedanken über Schmerz und Heilung, über Einsamkeit und Gemeinsamkeit . . .

Meine schmerzenden Hände

Meine Hände – ein einziger Schmerz.
Kraftlosigkeit.
Was ich in meinen Händen hielt,
kann ich nicht mehr halten.
Was ich mit dem Kopf dachte
und mit den Händen oft doch nicht machte,
führt meine Hände
nicht ans Ende,
sondern zur Wende.

Meine Hände würden nicht mehr schmerzen,
wenn ich von ganzem Herzen
zugeben könnte,
daß ich nichts könnte,
ohne daß jemand
mich an die Hand nehmen würde.

Meine Hände schmerzen.
Schmerzende Hände, leere Hände
warten darauf,
endlich an die Hand genommen zu werden
von jemand,
dessen Hände halten, tragen, wagen können.
Meine schmerzenden Hände –
die Chance für eine Wende!

Nimm mich an die Hand

Nimm mich an die Hand; denn ich bin
klein
unerfahren
schwach
hilflos

Nimm mich an die Hand; denn ich kenne
das Ziel nicht
den Weg nicht
die Welt nicht
den Sinn nicht

Nimm mich an die Hand;
weil es gefährlich ist, allein zu gehen
weil es ungehalten macht, ungehalten zu sein
weil es trostlos ist, ungetröstet zu sein
weil es leidvoll ist, unbegleitet zu sein

Nimm mich an die Hand!

Nimm mich an die Hand; denn
Du bist groß
Du bist erfahren
Du bist stark
Du bist hilfreich

Nimm mich an die Hand; denn
Du kennst das Ziel
Du kennst den Weg
Du kennst die Welt
Du kennst den Sinn

Nimm mich an die Hand,
weil es ungefährlich ist, mit Dir zu gehen,
weil es tröstlich ist, von Dir getröstet zu sein,
weil es glücklich macht, von Dir begleitet zu sein.

Nimm mich an die Hand
Führ mich durch das Land
das noch unbekannt.
Nimm mich an die Hand.

Fassen

Was ich nicht in Worte fassen kann,
fasse ich lieber mit meinen Händen: Dich;
erfasse ich lieber mit meinem Herzen: Dich;
umfasse ich lieber mit meinen Armen: Dich.
Und doch bist Du unfaßbar.
Was ich für Dich empfinde, ist nicht zu fassen.
Ich bin fassungslos –
und doch ganz von Dir erfaßt.
Oder darf ich Dich nicht mehr anfassen?
Wirst Du mich nie mehr anfassen?
Sind wir beide unfaßbar,
weil das Glück unfaßlich ist?
Wir wollten einander an den Händen
und unsere Gedanken in Worte fassen.
Was haben wir für Auffassungen?
Fassen wir alles zusammen
und bleiben wir umfaßt immer beisammen!

Hände halten bis ans Ende

Wende ohne Ende?
Ende ohne Wende?
Nimm meine Hände!
Gib Deine Hände!
Machen wir ein Ende
mit der glücklichen Qual
für dieses Mal.
Beenden wir die Qual,
beginnen wir das Glück
ohne ein Zurück.
Deine Hände,
meine Hände
halten sich bis ans Ende.

SCHMERZ

In einem psychologischen Beratungsgespräch klagte ein junger Mann über Herzschmerzen. Medizinisch war abgeklärt, daß organisch alles in Ordnung war. Und so fragte ich ihn: «Was geht Ihnen denn so zu Herzen, was bricht Ihnen fast das Herz?» Da kam es gequält aus ihm heraus: Seine junge, emanzipierte, kühl-intellektuelle Ehefrau, der er gerne sein Herz geöffnet hätte, wies alles, was mit Gefühl zu tun hatte, als kitschige Romantik ab. Sein Herz für Romantik blieb unberührt – und reagierte mit Schmerz.

Oder jene junge Frau, die jahrelang unter wahnsinnigen Bauchschmerzen litt, alle nur erdenklichen Untersuchungen und Operationen erleiden mußte – ohne Erfolg –, bis ihr schließlich klar wurde, daß sie ihre negativen Gefühle selbstzerstörend im Bauch aufbewahrt habe. Dadurch entstanden die Schmerzen.

Es ist gut, Schmerz zu empfinden, wenn im Menschen eine krankhafte Störung vorliegt. Eine allzu geringe Schmerzempfindlichkeit birgt die Gefahr in sich, Krankheiten zu spät zu erkennen. Manchmal steht der Schmerz auch synonym für Angst; immer aber ist der Schmerz ein Zeichen von Leben. Jeder Schmerz, ob körperlich oder seelisch, signalisiert mir: Du bist noch lebendig, es gibt noch eine Chance zur Heilung, zur Hilfe; die Schmerzensschreie können noch gehört werden . . .

Vor Schmerzen nicht mehr schlafen zu können, wenn Schmerzmittel nicht mehr helfen und es sie für die Seele kaum gibt – wer das kennt, der weiß, daß das nichts mit dem sogenannten Weltschmerz zu tun hat, der den sentimentalen Gefühlsschwankungen entspringt, sondern ernstzunehmendes Alarmzeichen ist, hellhörig zu werden, um den Schmerz nicht nur zu betäuben, sondern um die Ursachen herauszufinden.

Schmerzen – ausgelöst durch Verletzungen, Spannungen, Krankheiten – sind immer etwas Unangenehmes, ein Fehlen des Wohlbefindens. Die Schmerzempfindlichkeit mag bei jedem Menschen unterschiedlich sein, abhängig von vielen Faktoren, immer aber hat der Schmerz eine Alarmfunktion für Leib und Seele. Der subjektiv erlebte Schmerz setzt sich zusammen aus dem körperlichen Schmerzempfinden und dem seelischen Schmerzerlebnis. Aus der psychosomatischen Medizin weiß man, daß da, wo die Seele schweigt, die Organe schreien, das heißt, wenn die Seele ihren Schmerz nicht ausdrücken kann oder darf, wird der Schmerz auf den Körper übertragen. Umgekehrt kann natürlich ein körperlicher Schmerz das seelische Befinden beeinträchtigen. Leib und Seele sind eine Einheit, so daß man sagen kann: der Leib ist die Außenseite der Seele, und die Seele ist die Innenseite des Leibes.

Schmerz ist mir selbst sehr vertraut. Mit 15 Jahren hatte ich einen schweren Verkehrsunfall mit zahlreichen, lebensgefährlichen Verletzungen, deren Folgen sich bis heute in Schmerz zuweilen bemerkbar machen. Diese Vertrautheit mit Schmerzen schon recht früh im Leben weckt natürlich Vertrauen bei den Menschen, die ebenfalls Schmerzen haben, die in irgendeiner Weise leiden, von Angst gequält sind, sich gerne anlehnen oder auch auflehnen möchten, bei Menschen mit seelischer Zerrissenheit . . .

Davon handeln die nachfolgenden Texte. Sie kommen aus der Wirklichkeit, der selbst erlebten oder beobachteten. Vielleicht wirken diese Gedanken dann nicht wie eine vorübergehende Betäubung, sondern wie eine Heilung von innen her?

Über Herz und Schmerz zu dichten ist sehr beliebt, doch Verleger möchten solche Gedichte nur ungerne veröffentlichen, weil es zu viele davon gibt, weil es immer das gleiche Thema ist.

Und doch . . .

Heinrich Heine jedenfalls schreibt in einem Gedicht: «Aus meinen großen Schmerzen / Mach ich die kleinen Lieder . . .»

Besser

Besser, Du legst Deine Hand auf mich,
als daß ich Hand anlege an mich.

Um dem Wahnsinn zu entgehen,
muß man manchmal Unsinn begehen.

Um nicht verrückt zu werden,
muß man manchmal etwas Verrücktes tun.

Schmerzen sind Lebenszeichen

Schmerz ist nur da, wo Leben ist:
Wundschmerz
Trennungsschmerz
Abschiedsschmerz

Meine Gefühle von Schmerzen
zeigen meinem Herzen,
daß etwas lebt.

Wunderbar verwundbar

Die wunderbarsten und
bewunderungswürdigsten Menschen
sind auch die verwundbarsten und
am schnellsten verwundeten Menschen.
Doch liegen die Wunder in den Wunden
und die Wunden in den Wundern.

Wer verwundbar ist, ist wunderbar.
Wer wunderbar ist, ist verwundbar.

Anlehnen – Auflehnen – Ablehnen

Je weniger ein Mensch sich anlehnen kann,
desto mehr lehnt er sich auf,
desto mehr lehnt er auch ab –
und desto mehr lehnt man sich gegen ihn auf
und lehnt ihn ab.

Doch wer sich zu stark anlehnt,
wird auch manchmal abgelehnt.
Hätte man sich dagegen nur rechtzeitig aufgelehnt!

Ich habe Angst

Ich habe Angst, nicht mehr gehen zu können.
Ich habe Angst, daß es nicht mehr geht.

Ich habe Angst, nicht mehr stehen zu können.
Ich habe Angst, stehen gelassen zu werden.

Ich habe Angst, nicht mehr sitzen zu können.
Ich habe Angst, sitzen gelassen zu werden.

Ich habe Angst, zu fallen.
Ich habe Angst, fallen gelassen zu werden.

Ich habe meine Angst in Worte gefaßt.
Ich habe meine Angst überwunden.

Störfolge

Erst werden die Menschen
in ihrer Persönlichkeitsentwicklung
gestört
dann
verstört
schließlich
zerstört.
Hätte man sie nur rechtzeitig entstört –
dann wären sie jetzt nicht störend!

So wird man verrückt

1) unterdrückt
2) bedrückt
3) erdrückt
4) zerdrückt
5) entrückt
6) verrückt

Wer bedrückt ist, sich unterdrückt fühlt,
sich sogar erdrückt und zerdrückt fühlt,
hat den Wunsch,
der unterdrückenden,
bedrückenden,
erdrückenden,
zerdrückenden Realität
entrückt zu werden –
und wird verrückt.

Je mehr wir uns der Bedrückten und Unterdrückten annehmen,
desto weniger werden wir uns der Verrückten annehmen müssen;
denn Vorbeugen ist allemal besser als Heilen!

Rücken wir nicht ab von den Verrückten –
rücken wir rechtzeitig zu den
Bedrückten!
Befreien wir vom Druck!

Verrücktes Leben

Was ich will,
darf ich nicht.
Was ich darf,
will ich nicht.
Was ich hab,
mag ich nicht,
was ich mag,
hab ich nicht.
Was ich kann,
möchte ich nicht,
was ich möchte,
kann ich nicht.
Verrücktes Leben.

Destruktive Natur?

Die Sonne frißt den Schnee.
Der Wind jagt die Blätter.
Der Frost zerstört die Ernte.
Der Sturm entwurzelt die Bäume.
Der Blitz erschlägt die Menschen.
Die Sonne versengt das Gras.
Der Regen überflutet die Gärten.
Der Nebel nimmt die Sicht.
Die Nacht verschlingt das Licht.

Was hält die Natur
vom Unweltschutz nur?
Weiß sie davon nicht?

Zerrissen

Für die einen bin ich zu fromm
Für die anderen zu weltlich

Für die einen bin ich zu klug
Für die anderen zu dumm

Für die einen schreibe ich zu wissenschaftlich
Für die anderen zu trivial

Für die einen bin ich so
Für die anderen so

Doch wo bin ich wirklich, wo?
Ich bin zwischen Frömmigkeit und Welt – zerrissen
Zwischen Klugheit und Dummheit – zerrissen
Zwischen Wissenschaftlichkeit und Trivialität –
zerrissen

Ich bin so
und so
zerrissen.

INDIVIDUALITÄT

Von manchen Menschen sagt man, sie hätten eine sehr ausgeprägte Individualität, sie seien richtige Individualisten. Von anderen wird das Gegenteil behauptet. Was hat es mit der Individualität des Menschen auf sich? Was macht ihn zu dem, was er ist? Und warum haben so viele Menschen vor ihrer eigenen Individualität Angst, um sie wirklich auszuleben?

Die Gesellschaft, das Kollektiv, betrachtet den Individualisten meistens als einen eigenwilligen, ja eigensinnigen Menschen, als einen, der sich nur schwer in die Gemeinschaft einfügt, sich nicht «vermassen» läßt.

Nach psychologischen Auffassungen – es gibt die Individualpsychologie nach Alfred Adler beispielsweise – ist die Individualität der Inbegriff des psychischen Seins, die Einmaligkeit des einzelnen. Doch im zwischenmenschlichen Bereich wird allzu leicht vergessen, daß nur die eigensinnigen und eigenwilligen Menschen diejenigen sind, die einen eigenen Sinn und einen eigenen Willen haben. Ohne den Sinn für das Eigene, ohne eigenen Willen, ist es schlecht bestellt um die Persönlichkeit, weil wir dann nur Marionetten sind, Fremdbestimmte, Ferngesteuerte, eben keine Individualisten. Gewiß gibt es auch krankhafte Tendenzen bei einer übermäßig stark ausgelebten Individualität, aber wahrscheinlich nur deshalb, weil sich ein solch extremer Individualist nicht verstanden fühlt und sich aus diesem Grund, sozusagen zum Selbstschutz, von anderen abgrenzt.

Es erscheint mir sehr wichtig, meine Eigenart und meine eigene Art kennenzulernen. Je vertrauter ich damit werde, desto besser komme ich dann auch mit dieser meiner Art zurecht. Beängstigend ist ja nur das

Fremde, Unbekannte – bei sich und bei anderen. In dem Maße, wie wir lernen, unsere eigene Individualität zu entdecken und zu entfalten, lernen wir auch, die Individualität der anderen zu verstehen, zumindest zu tolerieren. Das So-Sein eines Menschen macht erst seinen Wert aus, seine Originalität, seine Einmaligkeit. Er ist unter diesem Gesichtspunkt dann nicht namenloser Teil einer Masse, sondern etwas je Besonderes, hervorgegangen aus der Hand des Schöpfers zum Wohl und zur Freude der anderen Individualisten. So kann das Zusammenleben mit anderen interessant werden; denn wie sähe die Welt wohl aus, wären alle so wie ich oder so wie Sie?

Wie gut, daß es Nachtmenschen *und* Frühaufsteher gibt – schon der verschiedenartigen Berufe wegen! Wie gut auch, daß einige lieber im Verborgenen und andere lieber in der Öffentlichkeit tätig sind!

Vielleicht tragen nachfolgende Texte ein wenig dazu bei, die eigene Individualität ebenso stark zum Tragen kommen zu lassen wie die der anderen. Aus der gesunden Beziehung zum eigenen Ich entsteht dann auch eine gesunde Beziehung zum Du.

Wie ich eigentlich bin

Wenn ich bin,
wie ich bin,
wie ich eigentlich bin,
bin ich ich,
mit allem, was mir eigen ist,
mit allen Eigenheiten, Eigenarten, Eigenschaften,
mit allem Eigensinn, Eigenwillen, Eigenleben usw.

Schlimm nur, daß viele Menschen weder ihre eigenen
Eigenheiten
noch die der anderen akzeptieren.

Ich möchte lieber ein eigenwilliger Mensch,
ein Mensch mit eigenem Willen sein
und nicht einer, der durch den Willen anderer
Menschen
bestimmt wird.
Ein Mensch ohne Eigensinn
hat letzlich keinen Sinn für das Eigene,
hat vielleicht auch keine eigene Sinnlichkeit –
und findet sich sinnlos.
Ich möchte eigensinnig,
eigenwillig und eigenartig sein,
meiner eigenen Art gemäß leben;
denn Gott schuf doch alles nach je eigener Art.
Entsprechend dem mir eigenen,
mir zugehörigen Wesen möchte ich leben
und in der Entdeckung der anderen
in ihrer je eigenen Art eigentlich
nur die Vielfalt der Arten und Weisen des Lebens
erleben –
ganz eigentümlich, eigenartig, eigensinnig,
eigenwillig . . .

Denn nur, wenn ich sagen kann:
Ich bin ich, und Du bist Du,
kann ich Achtung vor mir und vor dem anderen
in seiner Eigenart haben.
Eigentlich ist das gar nicht so eigenartig.

Gefährlich aber ehrlich

Meine augenblicklichen Gedankengänge
Worte
Texte
Gedichte
Aussagen
Ansichten
sind sehr gefährlich,
höchst gefährlich,
aber sehr ehrlich,
zutiefst ehrlich.
Ich bin gefährlich ehrlich.
Bin ich dabei ehrlich gefährlich?
Es gibt ehrliche Gefahren
und gefährliche Ehren.
Bleibe ich gefährlich –
aber ehrlich!

Ich lasse meine Gedanken kommen und gehen

Ich lasse meine Gedanken kommen und gehen.
Ich personifiziere meine Gedanken.
Wenn meine Gedanken gerne bei mir sind,
sollen sie kommen und bleiben.
Wenn meine Gedanken nicht gerne bei mir sind,
sollen sie gehen.
Ich will meine Gedanken nicht festhalten;
ich will sie auch nicht verjagen.

Die liebevollen, freundlichen Gedanken
dürfen mich mit ihrer Liebe
und Freundschaft beschenken und beglücken.
Mit ihnen möchte ich mich zutiefst verbinden,
mich von ihnen erfreuen lassen.

Die lieblosen, feindlichen Gedanken
dürfen mich ruhig angreifen.
Ich werde versuchen, mit ihnen Frieden zu schließen,
sie nicht hassen oder bekämpfen,
sondern sie so behandeln,
wie es von Jesus in der Bergpredigt
für die Feinde angeordnet wurde:
Sie lieben, für sie beten, ihnen Gutes tun.
So nur kann ich das Böse mit Gutem überwinden.

Ich lasse meine Gedanken kommen und gehen.
Meine Gedanken beschenken mich.
Meine Gedanken belehren mich.
Meine Gedanken beschenken und belehren
auch andere.
Indem ich sie kommen und dann wieder gehen lasse,
sende ich sie hinaus in alle Richtungen.
Liebevolle, geliebte Gedanken tragen Liebe weiter.

Ich lasse meine Gedanken liebevoll kommen und liebevoll gehen.
Ich liebe meine Gedanken.

Manchmal

Manchmal wünschte ich mir, ich wäre ganz allein
auf der Welt –
dann könnte ich schlafen, solange ich wollte,
essen, wenn ich Hunger habe,
arbeiten, wenn ich Lust habe,
entspannen, wenn ich müde bin;
dann gäbe es niemanden, der mir Vorschriften macht,
mich ermahnt,
mir die Vorfahrt nimmt,
mich antreibt,
mir die Sicht nimmt,
mich hetzt,
mich stört,
mich unterbricht,
mir das Wort abschneidet,
mich konkurriert,
mir Angst macht,
mich belästigt,
mich bedroht,
mir zu nahe kommt,
mir gefährlich wird,
mich verunsichert,
mir schadet,
mich kritisiert,
mich verurteilt,
mich beneidet,
mich mißversteht,
mich verkennt . . .
Manchmal wünschte ich mir, ich wäre ganz allein
auf der Welt.
Nur manchmal.

Immerhin . . .

Wenn ich niemand will
und niemand mich will,
wenn ich nur mich will,
und mich nur ich will,
geht es mir letztlich am besten.

Wenn ich mich auf mich verlasse,
kann ich nie verlassen werden – denn ich bin ja da.
Wenn ich mich liebe, bin ich niemals ungeliebt –
immerhin liebe ich mich.
Wenn ich mir vertraue, kann niemand
mein Vertrauen mißbrauchen – denn ich traue mir.
Wenn ich für mich da bin,
ist immer jemand für mich da –
schließlich bin ich da.
Wenn ich mir treu bleibe,
kann mir niemand untreu werden –
denn ich bleibe mir selber treu.
Wenn ich mich selbst achte,
kann ich nie verachtet sein –
schließlich beachte ich mich.
Wenn ich mich mit mir beschäftige,
werde ich nie unbeschäftigt sein.
Wenn ich für mich sorgen kann,
werde ich nie unversorgt sein.

Immerhin bin ich wenigstens für mich da.
Immer genügt mir das allerdings nicht.
Immerhin . . .

Einseitig?

Eigentlich habe ich lieber Abend als Morgen
lieber Nacht als Tag
lieber Abschied als Begrüßung
lieber Ende als Anfang
lieber Herbst als Frühling
lieber Regen als Sonnenschein
lieber Nebel als blauen Himmel
lieber Weinen als Lachen
lieber Trauer als Freude
lieber Friedhof als Vergnügungspark
lieber Askese als Luxus
lieber Werktag als Sonntag
lieber Arbeit als Urlaub
lieber Fasten als Feiern
lieber Einsamkeit als Gesellschaft
lieber Moll als Dur
lieber Tragik als Komik
lieber Distanz als Nähe
...
Warum eigentlich?
Denn eigentlich habe ich am liebsten
Ostern
Auferstehung
Neuwerdung
Hoffnung
Leben
....

Dann genieße ich mein Leben

Wenn alle schon schlafen, und ich bin noch wach,
genieße ich mein Wach-Sein ungestört.
Wenn alle schon zu Hause sind,
und ich bin noch unterwegs,
genieße ich das Unterwegs-Sein intensiv.
Wenn alle traurig sind,
und ich habe noch Grund zur Freude,
schätze ich meine Freude besonders dankbar.
Wenn alle lustig sind, und ich bin traurig,
erlebe ich meine Traurigkeit als besonders positiv.
Wenn alle wirklich glauben, und ich habe Zweifel,
bedenke ich meine Zweifel ernsthaft.
Wenn alle zweifeln, und ich kann glauben,
schütze ich meinen Glauben besonders sorgfältig.
Wenn alle eilen, und ich kann ruhig verweilen,
schätze ich meine Ruhe unbekümmert.
Wenn alle ruhig bleiben, und ich werde nervös,
betrachte ich meine Nervosität gewissenhaft.

Wenn alle allein wären und ich auch,
wünschte ich, alle könnten den Wert des Allein-Seins,
des Sich-selbst-Seins entdecken
und das Leben allein genießen lernen.
Wenn ich mich nicht mehr vor Einsamkeit,
Isolation, Verlassenheit,
Dunkelheiten, Trostlosigkeit und Tod fürchte,
dann lebe ich erst eigentlich richtig.
Wenn das Schönste im Leben die Einsamkeit ist,
dann nur deshalb, weil ich endlich
meinen Wert in mir selbst entdeckt habe,
weil ich etwas mit mir anzufangen weiß,
weil ich nicht abhängig bin
von Fremdbestimmung und Fernsteuerung,

sondern von dem, was ich ureigentlich will.
Erst wenn ich das weiß, kann ich auch frei-willig,
frei und willig,
auf mich und meine Wünsche verzichten,
ohne dabei zu verlieren.
Wenn ich an die Ewigkeit glaube,
gibt es letztlich nichts, was ich verlieren könnte.
Denn alles bleibt ewig durch Gott, den Ewigen.
Ewiges Leben – hier und heute in mir.
Ich lebe.
Ich *lebe.*
Wenn jeder für sich dahin kommt,
braucht er nicht mehr anzukommen
und nicht mehr wegzugehen.
Er ist und bleibt mit Gott
und deshalb mit allen verbunden.
Immer und überall.
Vergangenheit, Gegenwart und Zukunft
sind dann eins.
Ich bin einig mit meiner Vergangenheit,
mit meiner Gegenwart und mit meiner Zukunft.
Leib, Seele und Geist sind dann eins.
Ich bin einig mit meinem So-Sein.
Ich bin einig mit dem, was ich habe
und mit dem, was mir fehlt.
Ich bin ehrlich und brauche nichts mehr abzuwehren
oder zu verweigern.
Ich kann mich öffnen oder verschließen –
und beides genießen.
Ich kann im Dunkeln sein
und das Leben trotzdem lieben.
Ich kann im Schmerz sein und mich trotzdem freuen.
Ich kann mit finsteren Mächten konfrontiert sein
und trotzdem die Allmacht Gottes spüren.

Ich bin existent, ich bin da, ich lebe –
als ein Teil des Kosmos, des Universums,
als ein Teil der Ewigkeit,
teilhaftig göttlicher Natur.

So genieße ich dann mein Leben . . .

Das Schwere alleine tun

Je problematischer eine Situation,
je schwieriger eine Aufgabe,
je größer ein Schmerz,
desto weniger gerne möchte ich
nahestehende Menschen bei mir haben.
Für harmlose, leicht lösbare Konflikte und Aufgaben
sind mir die Hilfen anderer sehr willkommen;
das Schwere aber möchte ich lieber alleine tun.

Enttäuschung

Wenn ich auf niemanden warte,
bin ich nicht enttäuscht, wenn niemand kommt.
Wenn ich nichts erwarte,
bin ich nicht enttäuscht, wenn nichts kommt.
Enttäuscht bin ich nur, wenn ich zuviel erwarte.
Enttäuscht bin ich nur, wenn ich mich täuschen lasse,
wenn mich etwas oder jemand getäuscht hat,
wenn ich in der Täuschung gelebt habe.
Ent-täuscht bin ich, wenn die Täuschung vorbei ist.

EINSAMKEIT

Menschen in Einsamkeit wünschen sich oft Zweisamkeit und Gemeinsamkeit. Menschen in Zweisamkeit oder Gemeinsamkeit wünschen sich zuweilen Einsamkeit. Es ist etwas Merkwürdiges mit der Einsamkeit, die etwas anderes ist als ein gelegentliches oder häufiges Allein-Sein. Man kann alleine sein ohne einsam zu sein, und man kann in einer großen Menschenmenge oder sogar in einer Ehe oder Familie zutiefst einsam sein.

Wenn die Einsamkeit also nicht mit den äußeren Umständen grundsätzlich verknüpft ist, muß sie im einsamen Menschen selbst liegen.

Es gibt ja auch eine selbstgewählte Einsamkeit. Dabei denke ich nicht an die notwendige Einsamkeit als Zeit der Ruhe zur Regenerierung nach Erschöpfung – wie beispielsweise Wolfgang Klages sie als typisch für sensible Menschen bezeichnet, ja als zwingend notwendig, als so etwas wie eine schöpferische Pause, in der sich ein bislang aktiver, gar überaktiver Mensch wiederfinden kann, nachdem er sich fast verloren hätte.

Nein, es geht um eine andere Art von Einsamkeit, um einen Zustand, der der Verzweiflung nahe kommt, oder dem verzweifelten Suchen nach einer Lösung und Änderung dieses qualvollen Zustandes der Einsamkeit. Es geht um die Erfüllung der Sehnsucht nach Geborgenheit, nach Verstanden-Werden, nach Zusammengehörigkeit und Zugehörigkeit.

Einsamkeit – das mag auch die Folge einer Trennung, einer Scheidung, eines Verlustes sein, eine vorübergehende Phase. Es kann auch eine Eigenschaft werden, die dem schizoiden Menschentyp nach Fritz Riemann eigen ist.

Es kann aber auch die resignierende Feststellung sein, die Hermann Hesse in einigen Gedichten ausdrückt: «. . . Leben ist einsam sein . . . kein Mensch kennt den andern, jeder ist allein.»

Schöpfungsmäßig ist der Mensch auf Gemeinschaft, auf ein Du hin angelegt – und es erweist sich immer wieder als zutreffend, daß es nicht gut für den Menschen ist, alleine zu sein, weil nämlich aus dem dauerhaften Allein-Sein schließlich die Einsamkeit oder die Vereinsamung folgen kann.

Der Einsame müßte, psychologisch betrachtet, motiviert werden, Zweisamkeit oder Gemeinsamkeit zu suchen. Das wird er aber erst dann können, wenn er darin Sinn sieht.

Geöffnete Hände sind hier nötig, die nicht nur der Einsame ausstrecken sollte, sondern die ihm auch entgegengereicht werden müssen . . .

So ließe sich Einsamkeit überwinden.

Wie kann das sein?

Andere werden durch mich glücklich –
doch ich bin unglücklich.
Andere erfahren durch mich Hilfe –
doch ich bin hilflos.
Andere erhalten durch mich Trost –
doch ich bin untröstlich.
Andere werden durch mich gesund –
doch ich bleibe krank.
Andere werden durch mich froh –
doch ich bin traurig.
Andere finden durch mich den Weg –
doch ich irre umher.
Andere erreichen durch mich ihr Ziel –
doch ich bin ziellos.
Andere lernen durch mich lachen –
doch ich weine.
Andere lernen durch mich glauben –
doch ich zweifle.
Andere lernen durch mich lieben –
doch ich bleibe ungeliebt.
Andere erhalten durch mich Hoffnung –
doch ich bin hoffnungslos.
Andere werden durch mich stark –
doch ich bin schwach.
Andere finden durch mich Ruhe –
doch ich bleibe ruhelos.
Andere gewinnen durch mich Lebensmut –
doch ich versinke in Schwermut.
Andere werden durch mich fähig zur Zweisamkeit –
doch ich versinke in Einsamkeit.
Andere lernen durch mich leben –
doch ich möchte lieber sterben.

Andere finden durch mich Heil –
doch mich bedroht das Unheil.
Andere werden durch mich reich –
doch ich bleibe arm.

Wie kann das nur sein?

Wo ist der Ort?

Weit fuhr ich fort,
von Ort zu Ort,
von hier nach dort,
doch keiner sprach das Wort:
Komm zu mir,
geh niemals mehr fort!
Gibt es den Ort?
Gibt es das Wort?

Aus

Ich kann nicht mehr:
Das Glas ist leer
Das Feuer verloschen
Die Tür verschlossen
Die Glut verglüht
Die Blume verblüht
Der Duft verflogen
Die Nähe entzogen
Die Worte verlogen
Die Gefühle betrogen
Die Musik verklungen
Die Lieder gesungen
Die Speise verdorben.
Die Liebe erstorben
Der Faden gerissen
Der Stoff zerschlissen
Die Sonne gesunken
Die Seele ertrunken
Die Kraft verbraucht
Der Tabak verraucht
Das Geld verschwendet
Das Glück beendet
Das Spiel vorbei

Es sind nicht mehr zwei.

Wenn alles vorbei
und alles entzwei
und nichts wird mehr neu
und keiner bleibt treu –

Dann ist es aus
aus
aus und vorbei.

MELANCHOLIE

Reinhold Schneider ist der Meinung, die verschwiegene Melancholie verstünde sich für einen Dichter wie von selbst. Rainer Maria Rilke beweist das schon mit seiner Aussage: «Ich liebe meines Wesens dunkle Stunden, in welchen meine Sinne sich vertiefen.»

Melancholie – für bestimmte Menschen eine Selbstverständlichkeit oder gar ein unabwendbares Übel?

Psychologisch und psychiatrisch gesehen, ist die Melancholie eine Krankheit, von der es nahezu dreißig verschiedene Arten gibt, z. B. die Melancholia simplex als «einfache Depression» verstanden, oder die Melancholia religiosa als «Depression mit religiösen Wahninhalten», oder die hypochondrische Melancholie usw. Bereits im Altertum bezeichnete man mit Melancholie eine trübsinnige Gemütsverfassung mit grüblerischer Neigung, auch im Sinne einer schwermütigen Verstimmung. Heute wird Melancholie synonym auch für endogene Depression gebraucht; alle Zustände mit dem Gefühl von Niedergeschlagenheit werden ungeachtet ihrer Ursache als Melancholie bezeichnet. Die Psychopathologie kennt Melancholie sogar als Phase oder Symptom mancher Geisteskrankheiten.

Nach Hippokrates und Galen ist die Melancholie eines der vier Temperamente, das sich durch traurige Grundstimmung auszeichnet.

Diese traurige Grundstimmung, die sogar mit Selbstmordgedanken, mit Lebensmüdigkeit und tiefer Schwermut verbunden sein kann, findet sich im Leben vieler Dichter und Künstler (und nicht nur bei ihnen) – ähnlich wie die Todessehnsucht. Hätte man diese Menschen gewaltsam therapieren wollen, um sie von ihrer Melancholie oder Schwermut zu befreien, vermutlich wären sie nicht mehr in der Lage gewesen, weiterhin zu dichten, zu schreiben, zu malen, zu komponieren, wissenschaftlich zu arbeiten usw.

Vielleicht sind es gerade die grüblerischen oder nachdenklichen, tiefsinnigen Menschen, die das Leiden der Welt miterleiden, die die Augen vor der traurigen Wirklichkeit nicht verschließen, dabei zwar in Gefahr stehen, das Helle, Frohe zu übersehen, aber die doch aus der Nacht ihres Lebens heraus ungezählten Menschen in Traurigkeit und Verzweiflung Mut und Halt geben können, weil sie wegen ihrer Schwermut auch den Mut haben, mit anderen in die Abgründe der Verzweiflung und Dunkelheit hinabzusteigen, bei Menschen in Nacht und sogar bei Umnachteten zu verweilen, wozu sich oberflächliche Optimisten außerstande sehen.

So läßt sich der Melancholie kaum durch Therapie wirksam begegnen, sondern weitaus wirksamer durch Sympathie, durch ein Mitleiden, das in nachdenklichem Schweigen ohne überflüssige und sinnlose Trostworte einfach gegenwärtig ist.

Vielleicht können nachfolgende Texte ein Stück Solidarität und gleichzeitig diese Sympathie vermitteln.

Auf dieser Erde nie

Ich werde
auf dieser Erde
das Glück nie finden,
die Freude nie künden
– und kann's doch nicht begründen . . .

Wettlauf mit der Melancholie

Mein Leben –
ein ständiger Wettlauf mit der Melancholie.
Wenn ich gerade denke, ich hätte sie überholt,
längst hinter mir gelassen,
hat sie mich schon wieder eingeholt,
läuft sie Seite an Seite neben mir,
quält mich;
will ich ihr davonlaufen,
läuft sie mir wieder nach.

Wie lange dauert dieser Wettlauf?

Schwermut

Außer Schwermut
hab und kenn ich keinen Mut.

Schwermut ist auch Mut.
Schwerer Mut!
Schwerer Mut ist vielleicht gehaltvoller Mut?

Das Schwere weht nicht weg –
so bleibt der Mut, der schwere Mut, auf meinem Weg
und reißt mich auch nicht weg
im Leichtmut und Übermut
oder Unmut.

Schwermut!
Schwer
ist es,
das Schwere
mutig
zu tragen
und es mit der Schwermut zu wagen,
trotz all der Fragen
und Klagen!

Schwermut –
hab Mut zum Schweren!

Die Melodie

Die Melodie
der Melancholie
verklingt in mir nie.
Nie?

Veränderung

Melancholie?
Wann gab es sie?
Vielleicht doch nie?
Heiter
gehe ich
weiter.

TODESSEHNSUCHT

«Todessehnsucht – das gibt es doch gar nicht! Wer sehnt sich denn wirklich nach dem Tod?» – Eine siebzigjährige Geschäftsfrau brachte ihr Erstaunen zum Ausdruck, als wir im Kreis ganz unterschiedlicher Leute über die Todessehnsucht bei Dichtern und Künstlern allgemein sprachen.

Mein Tischnachbar, ein etwa Mittvierziger, Jurist, wandte sich mir verständnisvoll zu und meinte, als er mein Verwundern bemerkte: «Todessehnsucht, das kann man sich nur in der Mitte des Lebens leisten, später nicht mehr.»

Lange noch habe ich über dieses Gespräch nachgedacht – und über die Todessehnsucht, wie sie bei Dichtern und Künstlern – und auch bei Menschen anderer Berufe – so oft zutage tritt. Todessehnsucht – das ist nicht der ausgesprochene Wunsch zu sterben, es bedeutet auch nicht, lebenssatt oder gar lebensüberdrüssig zu sein. Vielmehr ist es eine gesteigerte, nahezu übersteigerte Sehnsucht nach Leben, nach einem Leben, was mehr zum Inhalt hat als das bisherige.

Gewiß kann die Todessehnsucht auch mit einer sehr ernstzunehmenden Suizidgefährdung einhergehen, doch will ja der, der sich das Leben nehmen will, sich eigentlich nur ‹das Leben nehmen›, das heißt, er möchte nicht sterben, sondern leben, traut es sich unter den gegebenen Umständen aber nicht mehr zu – und so sehnt er sich nach etwas anderem, nach dem Absoluten, dem Unwiderstehlichen, dem Unendlichen, dem Endlosen, dem Nichts . . .

Auch der Dichter Reinhold Schneider lebte mit einer starken Todessehnsucht. In einem Gedicht wagt er sogar zu sagen: «Seit ich gestorben bin / Ist mir so leicht ...» Zweifellos hat die Todessehnsucht bei Schneider die gleiche Ursache: Sehnsucht nach Leben! Seine – vielleicht verständliche? – Negierung des Glücks ist letztlich die Sehnsucht nach dem Glück. «Was man ‹Leben› hätte nennen können, was es nicht war, ist ausgelöscht», sagt er schließlich resignierend.

Immer sind es die tief empfindenden, differenziert denkenden Menschen, die sich nach dem Tod sehnen und sich von dieser Sehnsucht gefährlich mitreißen lassen und vielleicht das erleben, was Reinhold Schneider so formuliert: «In einer jeden Inspiration jubelt, verführt uns der Tod.»

Die Todessehnsucht hat zweifellos etwas Verführerisches an sich, dem selbst der Apostel Paulus nur schwer widerstehen konnte, als er an die Philipper schrieb: «Ich habe Lust («ich sehne mich danach» – lt. Einheitsübersetzung) abzuscheiden und bei Christus zu sein ...» (Phil 1,23).

Auch der Prophet Elia wollte lieber sterben als leben – jedenfalls in einer bestimmten Situation (vgl. 1. Kön 19).

Menschen mit Todessehnsucht befinden sich also zuweilen in der Gesellschaft von Propheten, Aposteln, Dichtern und Denkern ...

Die nachfolgenden Texte unter der Überschrift «Todessehnsucht» sind so etwas wie kleine Steinchen – aus dem Steinbruch der Menschheit herausgeschlagen ... auf der Suche nach dem Ursprung, dem Sinn.

Todessehnsucht – die Umkehr der Sehnsucht nach ewigem Leben!

Es geht auch ohne mich

Wem könnte es schaden,
wenn ich nicht mehr wär'?
Wer würd' sich beklagen,
wenn ich ertränke im Meer?
Wer würde mich vermissen?
Meine Seele ist total verschlissen.
Mit solchen verbrauchten Sachen,
läßt sich nichts mehr machen.
Ob ein Mensch weniger auf dieser Welt –
ohnehin hat niemand mich mitgezählt.
Es fällt niemandem auf,
das Leben geht seinen Lauf
auch ohne mich –
also entziehe ich mich.

Kein Motiv mehr

Es fällt mir kein Motiv mehr ein,
weshalb ich noch länger möchte am Leben sein,
Es gibt keinen Grund –
ich werd doch nicht gesund
Es lohnt sich nimmer,
ich verzweifle immer.
Immer?

Besser nicht!

Jetzt am Meer stehen
hieße soviel, wie hineingehen
ohne zurückzusehen,
von allem abzusehen,
schließlich einzutauchen,
unterzutauchen,
um niemals mehr aufzutauchen.

SEHNSUCHT

Franz Grillparzer sagt in einem Liebesgedicht, der Kuß auf's geschlossne Aug' bedeute Sehnsucht.

In einem charismatischen Lied eines unbekannten Verfassers heißt es: «Sehnsucht, bring mich näher zu Jesus; Sehnsucht, bring mich näher nach Haus.»

Unterschiedliche Arten von Sehnsucht? Die Sehnsucht nach der/dem Geliebten – die Sehnsucht nach Jesus und nach der himmlischen Heimat – zwei Welten? Oder austauschbare Gefühle, austauschbare Sehnsucht, gar zwei Seiten der gleichen Sache?

Unter psychologischen Gesichtspunkten sind die Gefühle der Sehnsucht, die erotischen und die religiösen, tatsächlich als austauschbar zu verstehen; die Sehnsucht wird entweder so oder so gelebt, selten gleichzeitig sowohl auf der einen wie auf der anderen Ebene gleich intensiv.

Wonach sucht der Mensch, was ersehnt er mit seiner Sehnsucht? Und tragen nicht letztlich alle Sucht-Arten etwas von dieser Sehnsucht in sich? Die Geltungssucht und Ruhmsucht, die Vergnügungssucht und die Drogensucht, ja gar die Habsucht und Tobsucht? Immer kommt ein Suchen zum Ausdruck, eine Sehnsucht nach etwas Bestimmtem, was aber nur vage zu bestimmen ist, deshalb eher etwas Unbestimmtes sein muß, etwas, was man sucht, um dieses gewisse Etwas erst dann benennen zu können, wenn man es gefunden hat? Also nicht wie diejenigen, die man vielleicht «pseudoromantische Schwärmer» nennen könnte, weil sie sagen: «Sehnsucht ist alles, Erfüllung ist nichts», sondern in der Sehnsucht nach Erfüllung suchen, und in der Erfüllung neue Wünsche, neue Sehnsüchte, neues Streben entdecken, um immer auf der Suche zu bleiben.

Oder geht es uns ohne Sehnsucht besser? Findet man dann gar das Gesuchte, wenn man nicht (mehr) sucht, vielleicht in dem Sinne, wie Goethe es in seinem Gedicht «Gefunden» beschreibt: «Ich ging im Walde so für mich hin, um nichts zu suchen, das war mein Sinn . . .» – und dann fand er das gesuchte «Blümlein»?

Die tiefste Sehnsucht des Menschen ersehnt mehr als nur ein «Blümlein», sie ersehnt den tiefsten Sinn des Seins. Doch den zu finden? – Wie? Wo? Wann?

In Richard Wagners «Tristan und Isolde» kommt diese Sehnsucht vielleicht am stärksten zum Ausdruck in fast übersteigerter, aber wunderschöner Weise. Sehnsucht ist da der tiefste Ausdruck der Liebe. Und eine Steigerung? Sie läßt sich vielleicht nur finden in der Zusammenfassung der Thematik dieser Oper: «Sich sehnen und sterben». Doch erlischt die Sehnsucht nicht mit der Erfüllung, das Sterben ist kein Ende . . .

Oder wie es wörtlich in der 1. Szene des 3. Aufzugs heißt: «Im Sterben mich zu sehnen, vor Sehnsucht nicht zu sterben!»

Also ist jede Sehnsucht letztlich die Sehnsucht nach der Ewigkeit!?

Verlang' ich zuviel?

Führte mich nur
eine einzige Spur
ans helle Ziel!
Oder verlang' ich zuviel?

Vielsagende oder nichtssagende Frauen

Wenn der Mund als Organ der Sprache
Widerspiegelung der Seele ist, dann ist unverständlich,
warum viele Männer beanstanden, wenn eine Frau
zuviel über sich selbst
oder über ihre Arbeit und über das, was ihr Leben
ausmacht, spricht.
Mit ihrer Sprache spricht sie sich aus,
zeigt sie ihre Hingabefähigkeit,
ihre Verfügbarkeit, ihr Da-Sein und Wach-Sein.
Sie wird es so lange mit Worten tun,
als ihr Mund keine Gelegenheit hat,
auf andere Weise einem Mann
ihre Liebe und Zuneigung auszudrücken –
zum Beispiel mit einem Kuß.
Sie wird so lange viel reden,
bis sie sich ausgesprochen hat,
bis es von ihr selbst nichts mehr zu sagen gibt,
bis Unsagbares geschieht.
Sie wird so lange reden müssen,
bis sie liebevoll zum Schweigen gebracht wird,
bis sie sprachlos ist vor Glück,
bis ihr Mund zärtlich und liebevoll verschlossen wird
oder staunend offen bleibt vor Bewunderung.
So sind die viel-sagenden Frauen,
die Frauen, die viel sagen.
Nichtssagende Frauen, Frauen, die nichts sagen . . .
Wenn Männer solche wollen,
müssen sie sich nicht wundern,
wenn sie eines Tages
selbst nichts mehr zu sagen haben.

Wer den viel-sagenden Frauen Zeit läßt zum Reden, wird erleben,
daß sie schweigen können, nichts mehr sagen müssen –
ohne nichts-sagend zu sein.

Suchende

Immer sind wir Suchende
Wir suchen
  besuchen
  versuchen
  untersuchen

Wir erleben einen Besuch
  eine Versuchung
  eine Untersuchung

Wir erleiden Sehnsucht
  Ruhmsucht
  Eifersucht

Wenn wir süchtig sind, sind wir Suchende.
Werden wir finden? Werden wir gefunden?
Ich lasse mich suchen. Ich lasse mich finden.
Ich suche. Ich finde.
Manchmal suche ich im Versuch die Versuchung.
Erfahrungen macht man durch Versuchungen.
Nur der Suchende wird finden. Nur der Gesuchte wird gefunden.
Lernen kann man durch Versuch und Irrtum.

Suchet, so werdet ihr finden!

ROMANTIK

Nur 40 Prozent aller Eheleute gaben bei einer Meinungsumfrage an, wenigstens am Anfang ihrer Ehe verliebt gewesen zu sein. So berichtete vor einiger Zeit eine bekannte deutsche Wochenzeitung. Aufgrund psychologischer Untersuchungen kommen Experten sogar zu dem Schluß, daß 99 Prozent gar nicht wüßten, welche Möglichkeiten für ein glückliches Leben in der Erotik liegen.

Gibt das nicht zu denken?

Wer die Geschichte und die Kirchengeschichte kennt, weiß, daß dieses Dilemma auch geschichtliche Hintergründe hat und nicht nur zu Lasten des einzelnen Paares oder des einzelnen Menschen geht.

«Romantik» habe ich als Überschrift für dieses Kapitel gewählt. Natürlich könnte man auch sagen: «Liebe» oder «Zärtlichkeit». Doch lädt der Begriff «Romantik» im weitesten Sinne zu zusätzlichen Überlegungen ein.

Leider werden Romantiker, Menschen mit Sinn für Romantik, oft als Phantasten oder Schwärmer abgetan. Aber vielleicht sind es gerade die Phantasten, die das entsprechende Maß an Phantasie haben? Und wer nicht für seine(n) Geliebte(n) schwärmen kann, was bedeutet dem überhaupt eine gefühlsmäßige Bindung?

Romantik, wenn man sie aus dem Kontext der (Literatur-)Geschichte jener Zeit betrachtet, bedeutet letztlich ein Leben aus der Sehnsucht nach der Vereinigung mit dem Unendlichen, eine Aufhebung der Grenzen zwischen Traum und Wirklichkeit, ein Verständnis für Gefühl und Innerlichkeit. Nach Nicolai

Hartmann ist die Romantik eine Lebensstimmung eigener Art. – Und mehr noch als eine Stimmung ...

Für den Romantiker ist das Wunderbare ganz natürlich – und das Natürliche wunderbar. Er weiß, daß die Zuneigung eine eigene Welt aus Einbildungskraft und Gefühlskraft erschafft. Dabei entfaltet sich die Fähigkeit, unbeschreibliches, ja zuweilen qualvolles Glück zu erleben.

«Draußen im See, unter der Sonne, gedenke ich Deiner mit aller Kraft des Herzens. Da ist gut sprechen miteinander, denn im Schwimmen ist die Welt entrückt, und ich bin Dir nah ...», heißt es in einem innigen Liebesbrief.

Romantik? Schwärmerei? Es ist vor allem die Fähigkeit, sich Gefühle nicht nur einzugestehen, sondern sie auch derjenigen oder demjenigen gegenüber auszudrücken, der oder dem sie gelten.

Vielleicht haben deshalb nur so wenige Menschen Sinn für Romantik, weil sie Angst haben, sich diese schwer zu kontrollierenden Gefühle einzugestehen und sie auszuleben? Dem Zauber der Liebe kann man – wenn überhaupt – nur schwer widerstehen. Und warum sollte man auch? Gewiß schaffen die Leidenschaften auch Leiden, aber sie deshalb meiden? Aus der Welt schaffen kann sie ohnehin niemand.

All die wunderschönen, innigen Liebeslieder und Liebesgedichte gäbe es nicht, hätten nicht immer wieder Männer und Frauen zu allen Zeiten den Mut gehabt, ihre Zuneigung in Worte zu fassen. Welch kostbare Lektüre ist beispielsweise das Hohelied Salomos in der Bibel!

«Verehren zu dürfen, ist für mich die schönste Gabe des Lebens», sagt Reinhold Schneider ganz behutsam.

Doch wieviel gegenseitige Verehrung findet heute Ausdruck in den Mann-Frau-Beziehungen?

Unerklärlich ist die Romantik, die Liebe, die Verliebtheit ganz gewiß. Rational lassen sich solche Empfindungen und Erfahrungen nicht erfassen, zumal auch viel Widersprüchlichkeit zum Ausdruck kommt. So sagt Joseph von Eichendorff in seinem Gedicht über den verliebten Reisenden: «Ich bin so froh verweinet.» Und Heinrich Heine konstatiert in einem Gedicht an einen verliebten Freund: «Teurer Freund, du bist verliebt, / Und dich quälen neue Schmerzen.»

In ihrem Roman «Die vollkommene Freude» schreibt Luise Rinser: «Alle Trauer, die einer echten großen Liebe beigemischt ist, hat intensive Süßigkeit.»

Und von L. Bechstein stammt der Satz: «Jedes schöne Gefühl hat seine Tränen.»

Könnten wir alle diese Gefühle und Erfahrungen analysieren und interpretieren – sie wären nicht das, was sie sind: unendlich kostbar! Doch diese Kostbarkeit gönnen sich die wenigsten Menschen – und wundern sich schließlich über ihre innere Verarmung, wundern sich über krankhafte Störungen, Neurosen und Depressionen, die durch Zärtlichkeit geheilt werden könnten.

Was mit abstrakten, theoretischen Worten nicht ausgesagt werden kann, mögen nachfolgende Texte in ihrer bildhaften, gleichnishaften Art verdeutlichen – als Ermutigung zur Romantik!

Leidenschaft

Wenn die Leidenschaft
doch nur Leiden schafft,
würde sie besser abgeschafft.
Ob das aber jemand schafft?

Wie ein brennender Dornbusch

Du bist für mich wie ein brennender Dornbusch
an Deinem von Gott Dir zugewiesenen Platz
an heiliger Stätte, die nur begrenzt Zugang gewährt.
Doch die Begegnung mit dem brennenden Dornbusch
wird zur unauslöschlichen Erfahrung
unbeschreiblicher Gottesbegegnung.
Heilende Nähe
Heilende Wärme
Heilendes Feuer
Reinigung
Heiligung
Erleuchtung
Heilung für Leib, Seele und Geist, für Denken, Fühlen
und Wollen . . .

Du bist für mich wie ein brennender Dornbusch –
Distanz und Nähe zugleich
Dornen, die brennen, mich aber nicht verbrennen;
Dornen, die stechen, mich aber nicht verletzen;
Dornen, aus denen Rosen erblühen;
Dornen, zur Dornenkrone geflochten,
auf den Kopf gedrückt, Schmerzen auslösend,
um dem Kopf seine Grundbedeutung
ohne Überbewertung zu geben.

Rosen
Duft
Rosenduft
erfüllt die Luft
Leben am brennenden Dornbusch wird
neu – rein – warm – blühend – duftend – harmonisch –
göttlich . . .

Du bist für mich wie ein brennender Dornbusch –
verbrennst nie – verglühst nie – vergehst nie,
sondern brennst
durch das Feuer reiner, göttlicher, ewiger,
verwandelnder Liebe.
Brennender Dornbusch – Gottesbegegnung –
Lebenserneuerung – Wärmende Nähe –
Heilige Distanz – Heilendes Feuer –
Bleibender Segen . . .
Das bist Du für mich.

Beerenauslese

Was ich aus Deinen gesprochenen und geschriebenen
Worten lese,
schmeckt wie kleine Schlückchen
einer kostbaren Beerenauslese.
Kleine Schlückchen kann ich genießen
mit gutem Gewissen.
Ich vergleiche Dich mit einer Beerenauslese,
durch die ich – vielleicht – tropfenweise,
schlückchenweise genese.
Süßer Wein ist schwer –
begehrt man davon mehr
und genießt ihn nicht nur flüchtig,
macht er zweifellos süchtig.
Süßen schweren Wein
schenkt man sich bei festlichen Anlässen ein.
Seine Süße ist mächtig,
seine Schwere macht ohnmächtig.
Süße, schwere, goldene Beerenauslese,
an der meine unstillbare Sehnsucht genese!

Du – wie kostbarer Wein.
Ich – wie zerbrechliches Glas.

Fülle das leere, durchsichtige Glas
heute nicht im Übermaß.

Wie eine Rose

Du bist wie eine Rose.
Als Knospe sah ich Dich
verschlossen,
doch wunderschön
mit allen Möglichkeiten des Erblühens.
Ich erlebe Dich als zarte Blüte –
langsam sich öffnend,
noch schöner und kostbarer,
unbeschreiblich herrlich . . .
Die Dornen spüre ich,
die den Wert der Rose unterstreichen
und mir zeigen,
daß man nicht leichtfertig Rosen pflücken kann,
ohne Schaden zu nehmen,
ohne Schmerzen zu erleiden.

Du bist wie eine Rose –
eine Rose-Mystika,
ein Geheimnis.
Dieses Geheimnis – Dich – möchte ich
kennenlernen und ergründen.

Deine Rosen

Die Blätter
Deiner Rosenblüten
Lege ich zwischen die Blätter
Deiner Bücher
Die wie weiße Tücher
Blutrotes Leben behüten.

ENTWICKLUNG

Um Material für eine wissenschaftliche Arbeit zu sammeln, lebte ich für ein paar Tage in einem Institut, das einer Anstalt für geistig Behinderte angegliedert ist. Die Leiterin des Instituts gab mir Gelegenheit, meine Studien nicht nur in der Bibliothek und bei Gesprächen mit Mitarbeitern zu machen, sondern ich konnte im Umgang mit den Kranken und Behinderten mich selbst davon überzeugen, daß in den meisten Fällen frühkindliche Entwicklungsstörungen die Ursache für den jetzigen Zustand waren. Manchmal waren diese Störungen schon so früh, daß sie vor den Geburtstermin datiert werden müssen, das heißt, Entwicklungsstörungen bereits im embryonalen Zustand, häufig wegen mißglückter Abtreibungsversuche.

Sehr viele Menschen können sich nicht auf normale oder angemessene Weise entwickeln, nicht etwa, weil sie das selbst nicht wollten, sondern weil sie es nicht dürfen, weil die Umwelt ihnen nicht die günstigen Voraussetzungen schafft. Nicht wenige Erwachsene fühlen sich nicht gewollt von ihren Mitmenschen, ja, sie haben den Eindruck, man wolle sie immer noch «abtreiben», wegdrücken, abschieben. So ist nicht verwunderlich, daß diese Menschen in ihrer Entwicklung stehen bleiben, bedrückt sind, nicht weiterkommen, nicht so können, wie sie möchten.

Allerdings gibt es auch Menschen, die sich selber in ihrer Entwicklung hemmen, vielleicht aus Bequemlichkeit oder auch aus Angst. Denn was ist wohl alles eingepackt im eigenen Inneren? Was wird herauskommen, wenn man mit Auspacken, mit Ent-Wickeln beginnt, wenn das Zugelassene endlich zugelassen wird? Welche Abgründe des Unbewußten tun sich da womöglich auf? Wieviel Verdrängtes bricht plötzlich hervor? Dann wird die unbewältigte Vergangenheit nach Aufarbeitung schreien. Doch das kostet viel Mühe – wenngleich sie sich lohnt!

Die Entwicklungspsychologie kann uns Aufschluß über die eigene Entwicklung geben – und die Tiefenpsychologie über die innerseelischen Zusammenhänge. C. G. Jung und Hanna Wolff betonen in ihren verschiedenen Arbeiten die Wichtigkeit der Begegnung mit dem eigenen Schatten, also sich selbst nicht davonzulaufen, sondern sich den Abgründen der unbekannten und unbewußten Seelenanteile stellen.

Auch die Seelsorge mag hier eine große Hilfe sein, vor allem wenn es um Fragen des Glaubens, der Schuld und Vergebung geht – bislang vielleicht unterentwickelte Lebensbereiche. Entwicklungshilfe, Lebenshilfe ist oft dringend nötig. Alleine ist die Arbeit an sich selbst nicht immer zu schaffen; denn das Unbekannte des eigenen Inneren kann unheimlich sein und sogar in die Verzweiflung führen, wenn keine helfenden Hände da sind, die halten und tragen können.

Alle unentwickelten oder unterentwickelten Lebensbereiche bieten Chancen für Entwicklung. Sie müssen nur genutzt werden. Alles, worin wir uns verwickelt oder eingewickelt haben, kann sich auswickeln lassen. Freiheit wird die Folge sein!

Luise Rinser hat eines ihrer Bücher betitelt mit «Unterentwickeltes Land Frau». Auf dem Gebiet der Weiblichkeit, des Frau-Seins ist zweifellos noch viel zu entwickeln, zu entfalten, aufzuarbeiten. Eng verknüpft sind damit auch die Männer mit ihren femininen Anteilen, die ebenfalls häufig einer Entwicklung bedürfen.

Der amerikanische Psychologe Urie Bronfenbrenner hat in seinem Buch «Die Ökologie der menschlichen Entwicklung» hochinteressante Perspektiven über Entwicklungen aufgezeigt, die sich nicht allein auf den einzelnen beziehen, sondern eingebettet sind in einen größeren Kontext. Unsere Entwicklung geschieht also niemals nur individuell im privaten Rahmen, sondern wird mitbestimmt von zahllosen äußeren Faktoren gesellschaftlicher, politischer, kultureller und geschichtlicher Art.

Ist es nicht ein großer Trost, daß Entwicklung in der Dunkelkammer geschieht? Jedenfalls wird in der Fotografie in der Dunkelkammer aus dem Negativen Positives. Graues entwickelt sich zu Farbenfrohem – welche Aussichten!

Es muß nicht alles so bleiben, wie es war oder ist, denn Entwicklung ist möglich.

Dazu mögen nachfolgende Texte ermutigen!

Entwicklung – Ent-Wicklung

Mein ganzes Leben ist von Entwicklung bestimmt.
Das ist nötig.
Ent-Wicklung –
das heißt: ich wickle mich aus;
denn ich habe mich oft einwickeln lassen.
In dem Maße, wie ich mich nicht mehr von anderen einwickeln lasse
und mich selbst nicht mehr einwickle,
kann ich mich entwickeln.

Anderen Menschen zur höchstmöglichen
Entwicklung zu verhelfen heißt,
sie nicht einzuwickeln,
sondern sie sich entwickeln zu lassen.

Worte – wie ein Netz

Mit vielen Worten knüpfe ich mir
in manchen Situationen ein Netz,
um es unter mir auszuspannen,
damit ich den gefährlichen Seiltanz
angstfrei wagen kann;
denn über das eigene Innere zu sprechen,
sich dem anderen ganz zu öffnen
und die Offenheit des anderen ganz auszuhalten,
ist wie ein gefährlicher Seiltanz.
Umgeben von meinen Worten
fühle ich mich sicherer und geschützter.

Wann werde ich endlich Mut
und Sicherheit genug haben,
den Seiltanz des Lebens
in den wesentlichen Begegnungen
auch ohne Netz zu wagen?
Der andere könnte nämlich das Netz
als etwas auffassen,
in das er eingefangen werden soll –
und dabei hat es doch keine andere Funktion
als die des Selbstschutzes.
Wann werde ich meine Unsicherheit eingestehen
und wirkungsvoll leben –
wortlos,
sprachlos
leben?

Worte – wie ein Schleier

Wenn ich viele Worte mache –
ob wichtige oder unwichtige,
ob geistreiche oder geisttötende –
so sind diese Worte einem Schleier vergleichbar,
mit dem ich mich verhüllen möchte,
weil das, was mir begegnet,
so herrlich, strahlend, leuchtend ist,
daß ich fürchte,
es nicht auf einmal erfassen zu können.
Deshalb suche ich Schutz –
im Schleier meiner Worte.

Sich verschleiern kann Hochachtung ausdrücken,
auch Trauer oder Unberührbarkeit oder Zierung,
kann aber auch falsch gedeutet werden:
als Angst oder Abwehr.

Einer Verschleierten
gewaltsam den Schleier herunterzureißen,
wird die Angst oder Abwehr noch vergrößern.
Den Schleier
behutsam und liebevoll wegziehen,
läßt Vertrauen wachsen,
schafft Offenheit trotz Verhüllung,
öffnet das Verschleierte
an Gefühlen,
Wünschen,
Absichten,
Hoffnungen,
Erwartungen.

Ungelöste Konflikte

Ein ungelöster Konflikt
muß noch längst kein unlösbarer Konflikt sein.
Ungelöstes ist durchaus lösbar.
Ungelöstes enthält die Chance für Lösungen,
für Erlösung,
für Ablösung –
für Lösungen verschiedenster Art.
Manchmal sind Lösungen – Konfliktlösungen –
nur eine Frage der Zeit.

Zulassen oder Zulassen?

Ich kann mein Gefühlsleben zulassen oder zulassen.
Zulassen – das heißt zum einen: ich lasse es zu,
ich lasse es verschlossen,
lasse niemanden zu,
gewähre niemandem Zutritt.
Hinter dieser Verschlossenheit versteinern und
verkümmern meine Gefühle.
Sie werden hart vor Kummer.
Indem ich meine Gefühlswelt zulasse,
verschließe und verberge,
beraube ich mich der Erfahrungen, die ich mache,
wenn ich alle meine Gefühle zulasse,
das heißt zum anderen: sie mir gestatte und erlaube.
Indem ich sie zulasse,
ihnen Daseinsberechtigung gebe,
lasse ich Menschen und Situationen zu,
gestatte ich ihnen Zutritt.
So brechen verschlossene Türen meiner Gefühlswelt,
meiner Persönlichkeit auf.
Chaos!
Versteinerte, verkümmerte, verstaubte Möglichkeiten
beginnen zu leben!
Zugelassenes wird zugelassen!
Die Sprachenverwirrung
zeigt die Gefühlsverwirrung.
Wer kennt sich da noch aus?
Gefühle preisgeben, das heißt,
einen Preis dafür geben!
Sie verschließen, sieht nach Sicherheit aus,
sie sich gestatten, ist ein Risiko,
ist wie ein Sturzbach.
Wohin stürzt er?
Was läßt er zu? Was läßt er zu?

Ursprung meiner Gefühle, meines ganzen Seins.
Hast Du das Zugelassene zugelassen – so oder so?
Dann schaffe Du aus dem Chaos Neues.

Laß nicht zu, was sich öffnen soll.
Laß zu, was zugelassen werden soll.
Laß zu, daß mein Denken, Fühlen und Wollen
zugelassen werden kann zu Deiner lebenerneuernden
Kraft!

Lösungen

Schlechte Bindungen muß man gut lösen.
Gute Bindungen lassen sich schlecht lösen.

Falsche Bindungen muß man richtig lösen.
Für falsche Bindungen
braucht man richtige Lösungen.

Ein Problem lösen kann auch heißen,
sich von einem Problem lösen.

Problemlösungen sind Lösungen von Problemen,
sind Loslösungen von Problemen.

Vergangenheit

Allmählich ändert sich meine Beziehung zu meiner
Vergangenheit:
früher habe ich sie idealisiert,
bislang analysiert –
nun wird sie nach und nach integriert
ins Jetzt.

TROST

Trost scheint Seltenheitswert zu haben! Definitionen über Trost findet man nahezu in keinem Nachschlagewerk allgemeiner Art – lediglich im Bibellexikon und in der Bibel selbst. Bücher, die im Titel das Wort «Trost» enthalten, sind sehr selten. Das gibt zu denken. Gibt es wirklich nur wenig Trost auf dieser Welt?

Natürlich gibt es manches Tröstliche im Leben, vieles, was einen über Verluste und Schmerzen hinwegtröstet, es gibt auch billige Vertröstung, aber – so sagt Hiob schon – die meisten Menschen sind doch nur «leidige Tröster».

In der Bibel ist davon die Rede, daß letztlich nur Gott trösten könne.

So schreibt der Prophet Jesaja: «Siehe, um Trost war mir sehr bange; du aber hast dich meiner Seele herzlich angenommen . . .» (Jes 38,17).

Doch kann dieser göttliche Trost nur selten unmittelbar erfahren werden. Im allgemeinen wird er über einfühlsame, verständnisvolle Menschen geschenkt. Der Apostel Paulus ist sogar der Meinung, daß wir nur deshalb oft in leidvolle Situationen kommen müssen, damit wir den Trost Gottes erfahren und andere umso besser trösten können. «Der Gott alles Trostes . . . der uns tröstet in aller unserer Trübsal, damit wir trösten können, die da sind in allerlei Trübsal, mit dem Trost, mit dem wir selber getröstet werden von Gott» (2. Kor 1,3–4).

Die Fähigkeit, andere trösten zu können, fordert einen hohen Preis: die eigene Trostbedürftigkeit und die Bereitschaft, Trost anzunehmen, um ihn weitergeben zu können.

Zweifellos wird uns der innigste Trost durch einen treuen Freund zuteil. Nur, wer uns wirklich kennt und liebt, unsere Traurigkeit miterleidet und in die Abgründe unserer Seele mit uns hinabsteigt, kann uns auch trösten, weil er uns ganz ernst nimmt und uns nicht verläßt, sondern ohne viele Trostworte allein durch seine Existenz Trost ist. Wahrlich trostlos ist der, der keinen solchen Freund, keine solche Freundin, keinen nahestehenden Menschen hat.

Aus dem sehr aufschlußreichen Buch «Ich sehe keinen Ausweg mehr» von Artur Reiner über Suizid und Suizidverhütung geht hervor, daß ein Mensch, der sich wenigstens von einem anderen Menschen wirklich akzeptiert und geliebt weiß, niemals auf die Idee kommen wird, sich selbst zu töten. Das Bewußtsein, geliebt und akzeptiert zu sein, kann nur in einer Beziehung, die von Vertrauen und Stabilität bestimmt ist, vertieft werden.

Trost bedeutet aber nicht immer restlose Zustimmung oder ständiges Nachgeben, er wird manchmal mit energischer Strenge einhergehen. Vom griechischen Wortverständnis her läßt sich das Wort Trost nämlich auch mit Ermahnung übersetzen. Und in der Ermahnung liegt die Mahnung, sich an all das Gute, Wertvolle und Wesentliche zu erinnern, was Trost bedeuten kann. Wenn uns jemand liebevoll, aber unmißverständlich daran erinnert, daß doch eigentlich nur schweres Leben Gewicht hat – können wir dann nicht wirklich getröstet sein?

Besser ohne Trost

Die Ungetrösteten und Untröstlichen sind besser dran
ohne Trost,
weil für sie der Trost noch aussteht:
sie haben noch Trost zu erwarten.
Die Getrösteten oder nur Vertrösteten
brauchen ja keinen Trost mehr.
Besser ohne Trost –
das erhält offen und wach für die Trostbedürftigen,
gibt Fähigkeit zur Solidarität mit den Trostlosen.
Was verstehen die «tröstenden» Menschen
mit den billigen Trostpflästerchen
vom wirklichen Trost,
von der echten Trostbedürftigkeit?
Besser ohne Trost, weil nur die, die Leid *tragen*,
getröstet werden sollen (sagt Jesus in der Bergpre-
digt).
Die ihren Trost schon haben, brauchen ihn nicht
mehr.
Ich will keinen Trost haben,
ich will getröstet werden,
das heißt, ich will nicht im Zustand vergangenen,
sondern kommenden Trostes sein.
Billiger Trost ist mir zu wenig –
dann besser ohne Trost.
Erst die Trostlosigkeit und das Untröstliche geben die
Fähigkeit,
Trostsuchende glaubwürdig zu trösten.

Besser ohne Trost!

Tränen tragen wie Salzwasser

Meine Tränen –
Salzwasser,
salzig wie das Wasser des Toten Meeres.
Sie tragen ohne Anstrengung,
tragen mich
vom Meer des Todes
zum Land des Lebens.

Leichtes oder schweres Leben?

Ein leichtes Leben wiegt nicht viel;
nur schweres Leben hat Gewicht!

Nicht vergessen!

Alles ist Vorbereitung für das,
was ewig Bestand haben wird.

HOFFNUNG

Mit Luise Rinser sind viele Autoren – ganz besonders die Psychologen – der Meinung, daß ein Mensch, der noch klagt und weint, nicht wirklich verzweifelt ist. Wer nämlich noch klagen und weinen kann, hofft auf Änderung seiner beklagenswerten Situation. Ohne Hoffnung und wirklich verzweifelt ist, wer verbittert schweigt.

Wer nicht mehr für sich selbst hoffen kann, gewinnt Hoffnung, wenn jemand anders für ihn hofft. Diese stellvertretende Hoffnung vermittelt ihm wenigstens einen Funken Hoffnung – und mit einem Funken läßt sich im günstigsten Fall sogar ein großes Feuer entzünden!

Ohne Hoffnung kann kein Mensch über längere Zeit leben. Die Hoffnungslosigkeit entspricht der Sinnlosigkeit, der Zwecklosigkeit, ist ein Zustand ohne Perspektive.

Bei Goethe heißt es einmal: «Wir hoffen immer, und in allen Dingen ist besser hoffen als verzweifeln.»

Warum das so ist, können wir bei Friedrich Rückert nachlesen: «Schlägt dir die Hoffnung fehl, nie fehle dir das Hoffen! Ein Tor ist zugetan, doch tausend sind noch offen.»

Wer soviel Hoffnung hat, kann zweifellos andere damit anstecken! Doch nur wer auch hoffnungslose Situationen in seinem Leben aus Erfahrung kennt, weiß um den Wert der Hoffnung, die in tiefster Dunkelheit plötzlich wie ein helles Licht unerwartet, unverhofft aufleuchtet.

Gewiß nicht zufällig schreibt der Apostel Paulus in einem Kapitel über Leid und Trübsal an die Römer:

«Hoffnung aber läßt nicht zuschanden werden» (Röm 5,5).

Manchmal sieht es so aus, als sei alle Hoffnung vergeblich, als habe alles keinen Zweck mehr. Der leidgeprüfte Mann Hiob im Alten Testament kannte solche Phasen in seinem Leben, doch er resignierte nicht restlos; er behielt für sich soviel Hoffnung, daß er damit nicht nur überleben, sondern leben konnte. Ja, sein Leben wurde nach der überstandenen Qual reicher als es vorher war.

Dieses Buch über menschliche Grunderfahrungen soll ein kleines Zeichen der Hoffnung setzen, auch wenn an vielen Stellen der Hoffnungslosigkeit, dem Schmerz, der Einsamkeit und all diesen zutiefst menschlichen Empfindungen trauriger Art viel Raum gegeben wird. Damit soll nur deutlich gemacht werden, daß es hier nicht um billige Hoffnung auf bessere Zeiten in ferner Zukunft geht, sondern um eine Begegnung mit der Wirklichkeit, die zuweilen ganz hoffnungslos scheint – aber nach einer Weile kann sich, wird sich vieles, alles ändern ...

Hoffnung – das ist nicht nur ein Wort ...!

Doch noch

Nun darf ich ernten
von allem bisher Gelernten.
Nicht im Entfernten
hatte ich das noch gehofft.

Vergangenheit – Gegenwart – Zukunft

Ich möchte
die Wunden der Vergangenheit
verbinden
mit der Freude der Gegenwart
und der möglichen Hoffnung
für die Zukunft.

HEILUNG

Krankheit läßt sich leichter beschreiben als Gesundheit oder Heilung. Jedenfalls findet man viel mehr Bücher, die darüber informieren, wie sich bestimmte Krankheiten darstellen und wie man sie behandeln kann. Wenig nur findet man zum Thema Heilung. Gewiß gibt es Berichte über spektakuläre Wunderheilungen verschiedenster Art, doch begegnet man ihnen lieber mit Skepsis. Schließlich ist ja Heilung auf dieser Welt nichts Endgültiges. Sich heute heil und gesund zu fühlen, es sogar zu sein, bedeutet noch nicht, daß es bis morgen und übermorgen so bleiben wird.

Darüber hinaus hat das Sprichwort sicher recht: «Verletzen ist leicht, heilen schwer.»

Schwer hat es, wer in einem Heilberuf tätig ist – und schwer haben es diejenigen, die lange schon auf Heilung warten. Die Angst vor Krankheiten läßt viele Leute gar nicht erst dahin kommen, ihren Gesundheitszustand oder die Erfahrung ihrer Heilung intensiv zu genießen.

In der Literatur, vor allem in der Lyrik, ist das Thema Heilung bislang kaum verarbeitet worden. Anthologien zum Thema Melancholie, Körperbehinderung usw. gibt es zahlreiche, aber wer findet eine Anthologie über Heilung oder Gesundheit? Woran könnte das liegen?

Im Gespräch mit einer befreundeten Schriftstellerin stellten wir fest: Es gibt nur wenig erfahrene Heilung unter den Literaten; die meisten waren sehr krank und starben viel zu früh. Aus Erfahrung hätten sie also nicht über Heilung oder Gesundheit schreiben können. Stellvertretend für viele sei Franz Kafka genannt. Häufig sind Krankheit und Tod den Dichtern und Schriftstellern näher, so daß darüber umfassender literarisch gearbeitet worden ist als über Gesundheit und Heilung.

Nachdenklich macht der Satz von Christian Morgenstern: «Es gibt für Unzählige nur ein Heilmittel – die Katastrophe.»

Bei allen unterschiedlichen Interpretationsmöglichkeiten, die diese Aussage zuläßt, scheint womöglich ein Widerspruch darin zu liegen; denn eine Katastrophe ist ja schon die Wende zum Schlimmsten ...

Eine lebensbedrohliche Krise äußerer oder innerer Art vermag oft Energien freizulegen, die bislang ungenutzt waren. Durch diesen vermehrten Energieeinsatz kann die Krankheitsbereitschaft und der Todestrieb an Chance verlieren, und der Selbsterhaltungstrieb trägt den Sieg davon. Weichen manche Menschen der «heilenden Katastrophe» aus und entgehen so einer möglichen Heilung? Oder können sie nur inmitten von Katastrophen existieren?

Eine Katastrophe kann wirklich zum entscheidenden Höhepunkt werden, nicht zum Ende, sondern zur Wende. In der Psychotherapie weiß man um die «Katharsis», den inneren Reinigungsprozeß, bei dem angestaute Aggressionen, tiefsitzende Depressionen und verdrängte Konflikte, die in die Katastrophe geführt hätten, erst einmal bewußtgemacht werden müssen, ehe Heilung möglich ist. Bei zahlreichen körperlichen Erkrankungen ist es auch so: Fieber oder Ausschlag müssen einen kritischen Höhepunkt erreichen, bevor der Genesungsprozeß einsetzen kann, ja Fieber gehört zu den Selbstheilungskräften im Menschen. Was also nach scheinbarer Gefahr oder Katastrophe aussieht, bringt schlußendlich Heilung!

Die homöopathische Auffassung nach Hahnemann geht sogar davon aus, Ähnliches könne durch Ähnliches geheilt werden. Vielleicht bezieht sich das nicht einmal nur auf die Substanz der Heilmittel, sondern läßt sich auf viele Lebensbereiche übertragen? So wäre unter spirituellen Aspekten die Erfahrung des Unheils die Voraussetzung für die Erfahrung des Heils?

Auf die zahlreichen, wertvollen Heilungsmöglichkeiten medizinischer, naturheilkundlicher, psychotherapeutischer, geistiger, religiöser oder sonstiger Art kann hier nicht detailliert eingegangen werden. Letztlich können diese Bereiche auch nicht voneinander abgegrenzt werden, da immer der ganze Mensch betroffen ist – im Unheil wie im Heil.

Entscheidend ist nicht nur die Diagnose, sondern die richtige Therapie (= Behandlung). Handauflegung, wie sie in der Bibel und auch in anderen Religionen bekannt ist, ist der Ursprung der Behandlung und zeigt, welch heilende Kraft von Händen ausgehen kann. Und nicht nur von den Händen! Wie die Nähe eines Menschen «kränken», also krank machen kann, so kann sie andererseits auch heilen. «Heilung durch Nähe» ist eine wunderbare Erfahrung. Wo aber beim Kranken ebenso wie beim Therapeuten Berührungsängste vorherrschen, rührt sich nichts, weil nichts angerührt werden darf.

In ihrem Buch «Jesus als Psychotherapeut» zeigt Hanna Wolff Möglichkeiten auf, die Zusammenhänge von Heil, Heilung und Unheil neu im Sinne des Evangeliums zu überdenken.

«Willst du gesund werden?» fragte Jesus einst einen Mann, der 38 Jahre lang krank war. Ist eine solche Frage nicht überflüssig oder unverständlich? Nein, denn je länger ein Mensch krank oder leidend ist, desto mehr hat er sich selbst und seine Umgebung an diesen leidvollen Zustand gewöhnt. Was könnte werden, wenn die Gesundheit, die Heilung plötzlich einkehrte? Dann wäre es vorbei mit dem Sonderstatus, der Rücksichtnahme, dem Mitleid und der Schonung, dann müßte man – wie alle anderen Menschen – ein

Leben in voller Eigenverantwortung führen. Man würde also nicht nur Gesundheit gewinnen im Falle einer Heilung, sondern den «sekundären Krankheitsgewinn» verlieren. Ob sich das für jeden Kranken lohnt? Geheilt werden möchten also nicht alle? Offensichtlich lohnt es sich nur für den, der weiß, wozu und für wen er leben und gesund und leistungsfähig sein möchte.

Gewiß gibt es unheilbare Krankheiten, aber es gibt mehr heilbare – und noch mehr vermeidbare. – Immerhin ist jede Wunde eine Chance für ein Wunder und jedes Unheil eine Chance für Heil und Heilung!

Rechtzeitig

Ich wäre fast am Leben gescheitert,
die Wunden meiner Seele waren schon vereitert,
aber jemand hat mein Da-Sein rechtzeitig erweitert.

Wie ein Schmetterling

Meine Seele hat Flügel bekommen.
Bevor die Schwierigkeiten
mich in Depressionen niederdrücken,
kann ich darüber hinwegfliegen.

«Therapeutische Gratwanderung»

Auf der «therapeutischen Gratwanderung»

zur Heilung meines schmerzenden Körpers
zur Heilung meiner zersplitterten Seele
zur Heilung meiner verdrängten Gefühle
zur Heilung meiner nicht voll akzeptierten
Weiblichkeit
zur Heilung meines analytischen Denkens
zur Heilung meiner ignorierten Mütterlichkeit
zur Heilung meiner zahllosen unnötigen Ängste
zur Heilung meiner überspannten Frömmigkeit
zur Heilung meines ganzen Seins
mit allen Konsequenzen

hat jemand mich begleitet –

medizinisch höchst kompetent
menschlich unbeschreiblich liebevoll
christlich vertrauenerweckend natürlich
psychologisch einfühlsam
– in jeder Hinsicht ideal.

Danke!

Patienten unter dem Kreuz

Im Wartezimmer meines Arztes hängt ein Kreuz,
ein Kruzifix,
der Gekreuzigte,
Christus.
Jeder, der in diesem Wartezimmer wartet,
hat sich bewußt oder unbewußt,
gewollt oder ungewollt
unter das Kreuz Christi gestellt.
Dieses Kreuz im Wartezimmer tröstet mich
unendlich.
Hier wird das Kreuz mir zur Kreuzung,
die mir eine Entscheidung für den Willen Gottes im Kreuz abverlangt,
Durchkreuzung meiner eigenen Vorstellungen von Gesundheit und Krankheit.
Wird die Krankheit zum Kreuz?
Wird die Diagnose zum Kreuz?
Wird die Therapie zum Kreuz?
Das Kreuz ist Krise, aber nicht Ende, sondern Wende.
Unter dem Kreuz im Wartezimmer meines Arztes
lerne ich neue Werte begreifen,
denn neue Werte
machen mein Leben lebenswert.
Die unmittelbare Kraft des Kreuzes
wird mir mitgeteilt
durch das Tun und Sein des Arztes.
Das Kreuz im Wartezimmer meines Arztes
durchkreuzt mein Leben,
aber kreuzigt mich nicht.
Das Kreuz wird mir zur Kreuzung,
nicht zum Ende, sondern zur Wende
in eine bis dahin nie gekannte Dimension neuen Lebens.

Danke dem Kreuz.
Danke dem Arzt.
Danke.
Danke.

Ich fühle mich heil

Ich fühle mich heil,
nicht mehr nur heilbar,
sondern geheilt.
Auf heilsame Weise ist mir
Heil, Heilung, Heiligung geschenkt;
Heil im Sinne von Ganzheit und Harmonie,
Einheit von
Denken, Fühlen und Wollen.
Was ich dachte,
was ich fühlte,
was ich wollte,
habe ich wesentlich, das heißt mit meinem Wesen
erfahren.

Heilende Wirkungen sind auf mich übergegangen,
heilende Hände haben mich berührt,
heilende Blicke haben mich ermutigt,
heilende Nähe hat mich entspannt,
heilende Umarmung hat mich gestärkt,
heilende Worte haben mich getröstet,
heilende Gedanken sind in mich geflossen.

Ich fühle mich heil.

ZUR PERSON

Marianne Kawohl, Diplom-Pädagogin, Psychologin und Schriftstellerin, Jahrgang 1945;
freiberuflich tätig in psychologischer und pädagogischer Beratung, in der Publizistik sowie als Lehrbeauftragte für Ethik an einer Krankenpflegeschule;
Studierte Pädagogik, Psychologie, Germanistik und Theologie;
Weiterbildung im Bereich der Psychotherapie und Naturheilkunde;
schreibt Lyrik, Aphorismen, Romane und Sachliteratur.
Initiatorin der Christlichen Autorinnengruppe;
Mitglied in verschiedenen literarischen, künstlerischen und psychosozialen Kreisen und Arbeitsgemeinschaften;
zahlreiche Buchveröffentlichungen sowie kleinere Veröffentlichungen in Zeitungen, Zeitschriften, Sammelbänden, Anthologien und im Rundfunk;
freie Mitarbeiterin u. a. im Deutschlandfunk;
gelegentlich als Übersetzerin Englisch-Deutsch für verschiedene Verlage tätig sowie als Lektorin;
auch engagiert mit Dichterlesungen, Vortragstätigkeit und in der Erwachsenenbildung.

Bisher sind folgende Bücher von Marianne Kawohl erschienen:

«... und heirate nie! – nie?» (Sachbuch), Wesel 1977 (vergriffen)

«Tränen, die niemand zählt ... Niemand?» (Roman), Wesel 1977 (auch in finnischer Sprache)

«Umwege» (Roman), Wesel 1978

«Im Schweigen vor dem Ewigen» (Gedanken und Gebete, mit Fotos illustriert), Wesel 1979

«Liebe, die alle (m)eint» (Gedanken und Gebete, mit Fotos illustriert), Wesel 1980 (auch in Blindenschrift)

«Was der Wind zusammenweht» (Text-Bild-Band – Gedanken, Gedichte, Gebete), Wesel 1981 (auch in Blindenschrift)

«Im Willen Gottes» – Worte der heiligen Julie Billart – (Aphorismen, mit Fotos von Peter Böhm illustriert), Vechta 1981

«Ich gestatte mir zu leben» – Über den Egoismus, der keiner ist, Metzingen 1984

«Den Seinen gibt Gott Schlaf» – Über die Bedeutung des Schlafes in der Bibel und in der Therapie, Metzingen 1984

Weiteres ist in Arbeit.

Die Reihe Lebensbücher im Verlag Rolf Kugler wird fortgesetzt:

Evelyn Weber, Große Tiefenpsychologen. Leben und Werk von Sigmund Freud, Anna Freud, Carl Gustav Jung, Erich Fromm, Leopold Szondi. Mit einem Nachwort von Verena Kast, ca. 120 Seiten.
Die Autorin leistet sich den Luxus, die Auswahl auf Grund ihrer Begegnungen, ihrer Erlebnisse mit Psychologen und ihren Werken zu treffen und nimmt sich die Freiheit heraus, das als bedeutsam hinzustellen, was ihr etwas bedeutet.

Weitere Titel aus dem Verlags-Programm:

Paul Erni, Georg Huber, Begegnung und Besinnung, mit zahlreichen Illustrationen, 137 Seiten, Leinen mit Schutzumschlag.
Ein höchst aktuelles Buch, das vor allem den weltanschaulich interessierten Leser ansprechen dürfte. Die reiche Lebenserfahrung der beiden Autoren – sie umfaßt die ganze Skala vom beglückenden Erfolgserlebnis bis zur bitteren Enttäuschung – findet ihren Niederschlag in zwanzig Kapiteln. Im Grunde sind es kritische Betrachtungen zur geistigen Situation unserer menschlichen Gemeinschaft. Begegnungen auch mit dem Werk bedeutender Dichter und Denker.

Pädagogik und Psychologie:

Willy Aeppli, Aus dem Anfangsunterricht einer Rudolf Steiner-Schule, 159 Seiten.
Die Unterrichtserfahrungen eines Lehrers, der in der Begegnung mit Rudolf Steiner seine berufliche Erfüllung gefunden hat, führen ein in die anthroposophische Menschenkunde und ihre Anwendung in den verschiedenen Fächern.

Andreas Iten, Die Sonnenfamilie. Ein Familienbeziehungstest im Spiegel von Kinderzeichnungen. Mit 77 ein- und mehrfarbigen Zeichnungen, 211 Seiten.
Kindern fällt es leicht, sich in Sonnen auszudrücken und damit die Beziehungen der Familienmitglieder zueinander darzustellen. – Das schön ausgestattete Buch eignet sich als Testanleitung für Lehrer, Kindergärtnerinnen, Familientherapeuten und Schulpsychologen, aber auch für interessierte Eltern.

Hanspeter Müller, Schule – Selbstzweck oder Lebenshilfe? 120 Seiten.
Der Lehrbeauftragte für Pädagogik an der Universität Basel und ehemalige Direktor des Lehrerseminars setzt sich vehement für eine Schule ein, die dem heranwachsenden Menschen Hilfe bietet, sein Leben befriedigend zu gestalten. – Das gut lesbare Buch empfiehlt sich all jenen, die im erzieherischen Bereich tätig sind: Lehrern, Schulbehördenmitgliedern, Politikern.

Belletristik:

Elfriede Huber-Abrahamowicz, parallel. Ein Frauenroman. 147 Seiten. 4. Auflage.
«Es ist der Autorin gelungen, anhand zweier Schicksale die Zwickmühle zu zeigen, in der so viele Frauen stecken. . . . ‹Parallel› ist ein eigenwilliger Roman, der nichts Gefälliges an sich haben will und der trotz seinen Dissonanzen fasziniert.» Neue Zürcher Zeitung

– Spiegelspannung, 48 Seiten.
In diesem Sonett-Zyklus kommt der im Roman ‹parallel› gestaltete Liebeskonflikt zur Lösung. Wir hören hier die Stimme einer Frau, die nicht nachspricht, was Männer vorsprechen: nicht den Lebensekel, nicht den Liebesüberdruß. Und vielleicht

bewegt sie sich gerade darum nicht stammelnd am Rande der Sprachlosigkeit, sondern gestaltend mit dem uralten Zauber von Rhythmus und Reim.

– Muttergestirn, Gedichte. 48 Seiten.
Bild und Rhythmus bewegen sich in einer Gegenwelt zu unserer technisch dominierten, von Selbstzerstörung bedrohten: Natur als das Mütterliche.

Geert-Ulrich Mutzenbecher, Gestern ist morgen. Drei Erzählungen. 120 Seiten, Leinen mit Schutzumschlag.
«Ein Gedankenreichtum spiegelt sich in diesen sensiblen Erzählungen wider – voller Phantasie und selbsterfahrenem Leben. Suche man in der modernen Literatur etwas Vergleichbares!» Hellmut Saucke

Zeitschriften im Verlag Rolf Kugler:

AGOGIK. Zeitschrift für Fragen sozialer Gestaltung, erscheint viermal im Jahr.

DER VERLEGERBRIEF. Eine Vierteljahreszeitschrift für Menschen, die gerne schreiben und lesen, verbunden mit einem persönlichen Beratungsdienst.

Die auf der folgenden Seite vorgestellte Zeitschrift hat eine ähnliche Zielsetzung wie die «Lebensbücher» im Verlag Rolf Kugler: